Ghania Chibout

Messages sur les ailes de l'humanité

EDILIVRE

Dédicaces

Je dédie ce modeste ouvrage :

– À la mémoire de ma très chère mère, la défunte Mennouba, la brave femme de qui j'ai hérité ces précieuses valeurs : l'altruisme, la tolérance et la sagesse.

– À mon très cher père El Hadj Messaoud qui a veillé sur moi et sur toute sa famille, en sacrifiant sa vie pour nous assurer une bonne condition de vie.

– À toute personne humaniste, prête à accorder son approbation à mes opinions et mes émotions transmises par le biais de cet ouvrage.

– Et enfin, et avec beaucoup de reconnaissance et de gratitude, à monsieur Frédéric Roblot, le directeur des Éditions Edilivre. C'est grâce à lui si cet ouvrage a pu voir le jour et si mon rêve d'être auteur est enfin réalisé.

Préface

La base de l'humanisme c'est sans doute l'altruisme, la valeur morale qui pourrait être la matrice de laquelle découle tout critère humanitaire pouvant qualifier son possesseur d'homme béni, digne et porte-bonheur pour autrui.

Plusieurs facteurs m'ont poussée à concevoir cet ouvrage. Le cœur brisé et soucieuse face aux problèmes sociaux et écologiques que subit l'humanité de nos jours, et qui sont malheureusement d'origine humaine, je me sens en permanence triste, perturbée, sans pouvoir faire quoi que ce soit pour apaiser ma peine.

Mon Dieu, où va le monde ? Où veulent-ils en venir, ces destructeurs ? Quels bénéfices collectent-ils ? Par quel angle voient-ils les choses ?... Les questions sont nombreuses, mais l'on peut trouver la réponse dans un point commun : « l'égoïsme », la tache noire qui réside dans les cœurs et les esprits des malfaiteurs. Hélas ! La vie humaine est en déclin : le mot « famille » est en voie de disparition, le mot « miséricorde » provoque la moquerie, le sacrifice laisse place au suicide, et notre « terre magnifique » est réduite en une « maison magnifique » !

Ô humain ! Avant de t'engager dans ce que tu projettes, je te demande de penser à trois choses : à la planète qui t'a confié sa surface et son espace ; aux innocents qui vont être influencés par tes erreurs et vont subir les conséquences catastrophiques de tes actes jusqu'à la mort ; aux générations futures, à qui tu vas délivrer un jour les clés de la terre quand ils marcheront sur tes traces.

Influencée par mon sang chaud, ayant de la peine en me voyant perdue dans mes réflexions, ma plume, qui m'aime énormément, a trouvé la voie de la détente, elle vient se coincer entre mes doigts et me souffle doucement : « Écris ! »

I) Poésie

La terre pleure

La terre pleure sa splendeur,
Victime de l'homme, elle se fane, elle meurt.
La terre pleure son atmosphère
Pour les anomalies surgissant dans l'air.
La terre pleure son eau douce
Poluée dans ses profondes sources.
La terre pleure ses océans
Qui perdent leurs cétacés géants.
La terre pleure ses petits insectes
Qui disparaissent de la planète.
La terre pleure ses beaux oiseaux
Ne survolant plus ses bois et ses eaux.
La terre pleure sa faune et sa flore
Qui s'en vont lentement vers la mort.
La terre pleure ses quatre saisons
Ne retrouvant plus leurs vraies liaisons.
La belle princesse de la galaxie
Oublie pour un instant tous ses soucis,
Essuie ses larmes, sourit, réclame.

Aie pitié de moi, humain,
Ma belle vie est entre tes mains.
Toi et moi sourirons bien demain,
Si tes erreurs ont une fin !

La tendresse

Gagnant et perdant s'imposent et s'opposent dans la vie.
Être à la sommité est sûrement ton envie.
Ni malveillance ni rudesse ne tracent ta bonne voie.
Sois doux, sois tendre, tu seras toi le roi.

Rudesse et tendresse se combattent en âme,
Or la rudesse n'est qu'un fantôme sans arme,
Tandis qu'un simple beau sourire
Émis de tendresse peut tout ralentir.

La tendresse est là où les bons moments naissent.
Retrouve-la où l'on pardonne ceux qui nous blessent,
Où le monde chante en harmonie
La symphonie de sagesse.

Retrouve-la au fond de toi,
Certainement tu la reçois
De ceux qui sont de bonne foi
Et de l'univers autour de toi.

On la voit chez la maman
Se sacrifiant pour son enfant.
On la voit chez son papa
Qui le suit pas à pas.

On la ressent dans le beau soleil,
Dans ses rayons doux qui nous réveillent.
On la ressent quand le noir règne
Dans la providence qui nous surveille
Quand on dort en plein sommeil.

Le refuge sûr est la source optimale
De la quiétude et du bien-être moral,
Le secret de tout lien amical,
Pouvant attacher l'homme à l'animal.

La vie est courte, elle ne dure qu'un moment,
Seuls les bons vont s'en sortir gagnants.
Les noms gravés en lettres de diamant,
Éternellement dans le cœur, recensés vivants.

Au nom de tout torturé sur terre,
Au nom des pauvres souffrant des guerres,
La tendresse vous appelle à bras ouverts,
Ayez-moi en cœur, vous serez sœurs et frères.

Le commandant

Si le monde est raciste,
Sois un homme ouvert.
Si le monde est égoïste,
Sois un grand solidaire.

Si le monde est vengeur,
Sois un brave tolérant.
Si le monde est mangeur,
Sois un mauvais aliment.

Si le monde écrit,
Sois un bon lecteur.
Retiens, rejette, trie,
Et garde les écrits de valeur.

Si le monde est ignorant,
Sois son enseignant.
Un seul soleil est suffisant
Pour qu'un monde soit brillant.

Si le monde a faim,
Ne lui donne jamais son pain.
En travaillant, il aura son gain
Et sa faim aura une fin.

Si le monde est maladroit,
Sois son commandant,
Personne d'autre que toi
Ne pourra rajuster ses rangs.

Des pages en or

J'ai ressenti ton existence
Dès les premiers moments de ma naissance.
Je t'ai vu plusieurs fois
T'approcher de moi.
Et comme j'adorais tellement ma mère,
J'ignorais combien je t'étais cher.
Mais une fois un peu plus grand,
Prétendument un peu plus conscient.
Je commençais à aimer ta présence,
Je te cherchais de mes yeux dans tous les sens.
J'ai retenu ta voix, tes traits, ton parfum,
Et me voilà un jour en train de te dire Papa enfin.
Je me souviens de mes promenades sur tes épaules,
Refusant de mettre les pieds sur le sol.
Je me souviens du soutien que tu m'as octroyé
Quand j'étais un petit écolier.
Je me souviens de ta sagesse face à ma rudesse
Lors de mon adolescence et de ma jeunesse.
Et lorsque je suis devenu adulte,
J'ai découvert tes défis et tes luttes.
J'ai appris que ta vie n'était pas facile
Et que tu as vécu des moments difficiles.
Tu m'as caché tes souffrances, et beaucoup d'autres choses

Pour que je voie ma vie toujours en rose.
Quel amour ! Quel sacrifice !
Ô Père, tu n'as rien raté pour ton fils !
Ce sont des pages d'un livre en or
Gravées dans mon cœur jusqu'à la mort.
La plus chère de toutes ces pages
Est celle de l'occasion de mon mariage,
Où ta paternité a mis l'empreinte
Quand tu m'as dit le jour de la fête :
Me voilà enfin en train de réaliser mon rêve,
Sois un bon père, mon fils. À toi la relève.
Comment te remercier, Père ? Où puis-je trouver les mots ?
Je te bénis, je t'aime, je te tire mon chapeau.

La promesse

« Dis-moi, Maman, c'est vrai que je vais mourir ? »
« Non mon enfant, tu vas bientôt guérir. »
« Oh Mère ! Tu n'as pas l'habitude de me mentir,
J'ai entendu les médecins le dire. »

« Tout ira bien, mon cher, fais-moi confiance, mon petit. »
« Ne t'inquiète pas, Maman, je serai heureux au paradis,
Je te demande une seule chose, ne m'oublie pas, je t'en prie. »
« Tu es à vie dans mon cœur, jamais je ne t'oublierai,
C'est promis. »

« Oh Maman, c'est quoi cette lumière ?
Je sens ma tête si légère,
Je suis heureux, je suis si fier,
Les soldats de Dieu sont venus tuer mon cancer. »

L'enfant est parti dans un cortège céleste,
Un sourire inachevé pour sa mère était son dernier geste,
Il n'y a que son amour et la promesse qui restent,
Et la brave maman affronte durement le test.

Elle décide d'aller chaque jour réjouir un enfant
Souffrant d'un cancer, ce mal triomphant.
Elle voit dans leur sourire celui de son enfant se ravivant,
Gagnant ainsi mille enfants vivants.

Devinette

« Toutes ses demandes sont faites
Sans qu'il fasse le moindre geste,
Ses pleurs, ses cris nous ennuient,
Son beau sourire nous réjouit,
On prend des photos de lui dans différentes pauses.
Les meilleures, on les publie, on les expose.
On prépare avec soin son menu
Pour une santé bien soutenue,
À longueur de temps, il est surveillé,
Tout signal est noté sur un cahier,
Si c'est bon, c'est la fête,
Si c'est mauvais, c'est l'alerte.
C'est qui, mes enfants ? Répondez-moi. »
« Oh Maman ! Ça ne peut être qu'un roi. »
« Ah, vous vous êtes trompés !
C'est mon bébé ! »

La mort de ma mère

Elle n'a pas quitté mon cœur une seule seconde
Depuis qu'elle est partie au-delà de mon monde.
Elle a laissé ses beaux souvenirs partout,
Allant dans la bonté jusqu'au bout,
Au point qu'elle nous a donné du bonheur,
Sa perte nous a causé de profondes douleurs.
Je sais que la vie maîtrise bien le troc,
Parfois elle nous réjouit, parfois elle nous choque,
Ses bons moments sont sûrement avouables,
Hélas ! Les plus douloureux sont les plus durables,
Pardon à ceux que j'aime,
Pardon à ceux qui m'aiment,
Je le dis en conscience extrême,
Aucune mort ne me fera autant de peine
Que celle de ma mère.

Des leçons du cœur de la nature

Si tu veux le bonheur, il est là, tout près,
Entre lui et toi, juste un petit trait.
Viens au cœur de la nature, tu découvres ses secrets.

Dans chaque coin d'elle, tu as un message à lire,
Apprends ses leçons, écoute bien ses dires,
Écoute la grande maîtresse qui ne sait pas mentir.

Apprends la persévérance de la petite fourmi ;
Malgré sa petitesse, elle surmonte les ennuis
En travaillant sans cesse, le jour et la nuit.

Apprends la générosité d'un oiseau dans l'air,
Chantant avec fierté sans aucun salaire,
Admiré par tout un monde, mais non milliardaire,

Alors que l'abeille et toute une école
Se répartissent avec soin les tâches et les rôles,
Finissant par du miel doré dans de petites alvéoles.

Que dis-tu du lion qui partage l'habitat,
Avec ceux qui ont créé pour lui des repas,
Côte à côte, en paix, après chaque combat ?

Y a-t-il plus fort que le grand éléphant,
Ne déployant sa force que lorsqu'il se défend ?
C'est la paix dans un monde soi-disant terrifiant.

On reproche à l'hiver la dureté et le froid,
Mais il continue sans souci sa période de trois mois,
Puis il part en nous offrant le printemps et sa joie.

On est né pour vivre heureux, on est créé pour être beau,
Cela ne dépend ni des finances ni de la peau,
Chez tout vilain, certainement, c'est le cœur qui fait défaut.

La trajectoire

Avance, avance, pas de marche arrière,
Pierre par pierre, tu bâtis ta carrière,
Peu importe le point de départ,
Vise la victoire et vas-y, démarre,
Trace dans l'humanité ta trajectoire
Sur les axes d'amour, de patience, d'espoir.
Ne dis pas « je ne peux pas », tu n'as pas ce droit,
Le monde est bâti par un cerveau et dix doigts.
Tape ton chemin, prends ton bagage :
Chaussures d'aventures et veste du courage,
Tu ne seras pas perdu avec ta torche magique
Fonctionnant sur les voies de l'honneur et de la logique,
Ta trajectoire ne sera pas droite,
Tu rechutes, tu remontes, tu saisis, tu rates.
Elle gravera ton existence dans les traces de tes œuvres,
Dont les belles, lumineuses, seront de valeur,
Elles donneront naissance à des étoiles éternelles
Éclaircissant le ciel de la vie humaine,
Ta trajectoire portera ton nom,
On lira à la fin « soit mauvais, soit bon ! »

Dictons

Celui qui attend la chance, reste à vie en instance.

L'infidélité n'a jamais été un choc, car la fidélité est rarement réciproque.

Le mariage est une décision, le divorce est une solution.

Les parents sont les irremplaçables, les braves sont les plus aimables, les ignorants sont les vrais misérables, les escrocs sont les plus redoutables, les hypocrites sont les frères du diable.

Ton véritable âge égale tes ouvrages, les années ne sont que du temps consommé par un vivant affamé.

Les riches ne voient pas le chemin du bonheur caché derrière la grandeur.

Ne reproche pas ton chagrin au destin, demain il te tendra la main.

La trahison n'a pas de raisons.

Purifier un humain c'est possible, le stériliser c'est impossible.

Les partisans de la fraternité sont les piliers de l'humanité.

Mieux on est payé, moins on est fatigué.

Pour ceux qui sont créés pour être écrivains, la plume leur vient toute seule à la main.

Seul le pardon laisse passer le passé.

Toute décision prise sous ivresse doit être revue ; si elle n'est pas fausse, elle est au moins incorrecte.

Tout souvenir demeure dans la mémoire, les douleurs prennent le chemin du cœur.

La souffrance donne naissance au bon sens.

Rien n'est créé pour rien.

Un long repos causera un grand impôt.

Plus on s'approche de Dieu, plus on réduit le vide qui nous entoure.

Qui fait cadeau de ses droits, est une proie sur le plateau.

Tu peux tout faire pour cacher la vérité, mais tu ne peux pas la tuer.

On dépense sa santé pour avoir de l'argent, on dépense de l'argent pour avoir la santé ; ta maman dépense les deux pour te voir homme.

Les morts n'ont rien à perdre.

Après sa mort, on lui a bâti un beau tombeau.

Celui qui danse, distingue mal les distances.

Le diamant ne peut être coupé que par un autre diamant.

Être sage, c'est avoir l'esprit adulte dans la jeunesse et l'esprit jeune dans la vieillesse.

Grand menteur celui qui se tait pour ne pas dire la vérité.

La belle vie n'a pas de conditions, elle peut être vécue à l'aide de ce qui est à disposition.

Demander des excuses après l'échec de la ruse est une nouvelle ruse.

Si tu vois une femme pleurer, sache qu'elle veut le top choc, et si tu vois un homme pleurer, sache qu'il vit le choc top !

La trahison est la plus grande catastrophe pouvant atteindre un humain, elle tue son bon passé, son présent vécu et son futur espéré.

Tu ne peux pas franchir une montagne, mais tu peux l'esquiver.

La vie est une ligne discontinue ; sois un bon conducteur et dépasse les autres sans les heurter.

Un loup plus un lapin égalent un.

Ne sois pas une vallée qui exporte tout à la saison riche, et reste abandonnée à la saison sèche.

Trois éliminent trois : la volonté élimine l'échec, les conditions dures éliminent les faux amis, l'admission élimine l'accusation.

La quiétude pour ceux qui respectent la loi de la vie, le gain inaccessible pour tout être qui en est irrespectueux.

Ton meilleur maître dans la vie c'est bien ton passé.

Les portes de l'horizon sont fermées, mais elles ne sont pas verrouillées, elles s'ouvrent dès lors qu'on frappe fort.

Un vrai regret mérite un grand pardon.

Méfie-toi de la bombe qui vise une seule victime.

Tout héros a démarré d'un zéro.

Un mauvais pauvre poursuit l'ombre d'un riche afin de s'enrichir ; un mauvais riche poursuit les regards des pauvres afin de s'enfuir. Et si tu vois un riche et un pauvre s'entendre, sache que les deux sont bons, seule la sagesse aurait pu les réunir.

Un véritable ami, c'est un frère que la maman n'a pas mis au monde.

Sais-tu que les accords financiers ne peuvent être humanitaires ? Tout simplement parce que l'humanisme n'a pas de touche spéciale sur un clavier de calculatrice.

Fin

Cet ouvrage a été composé par Edilivre

194 avenue du Président Wilson – 93200 Saint-Denis

Tél. : 01 41 62 14 40 – Fax : 01 41 62 14 50

Mail : client@edilivre.com

www.edilivre.com

Tous nos livres sont imprimés
dans les règles environnementales les plus strictes

ISBN papier : 978-2-414-40585-5

ISBN pdf : 978-2-414-40586-2

ISBN epub : 978-2-414-40595-4

Dépôt légal : février 2020

Imprimé en France, 2019

Achevé d'imprimer chez SoBook le 12-11-2021

Linselles - France

N° impression : 735 405